キャメレオン竹田

CHAMEREON TAKEDA

「神<ruby>キャメ</ruby>のお告げ」本

タロットで未来が開けちゃう!

大和書房

基本解説書（はじめに）

　こんにちは、キャメレオン竹田です。

　この本は、タロットカードがまったくわからない人でもタロット占いができる本です。しかも、カードを持ち歩かなくても大丈夫！

　というか……、もはや本というより、あなたの新しいデッキだと思ってください！

　タロットカードは、全部でメインのカードである「大アルカナ22枚」とサブカードである「小アルカナ56枚」の、合計78枚あります（アルカナとは「秘密」といった意味があります）。

　それぞれのカードの神秘的なメッセージを受け取っていただければと思います。

　大アルカナだけでも占うことは可能なのですが、小アルカナを入れた方が、細かくバラエティ豊かな占いができるのです。

　というわけで、この本は、タロットカード78枚と、逆位置バージョンも入れて、78枚×2＝156パターンを全て組み込みました。

奥深くって面白い！タロットカードの世界

タロットカードには、「正位置」と「逆位置」というものがあります。タロットカードを並べたときに、絵柄の天地がそのままの向きで出ることを「正位置」といい、天地が逆さまの向きで出ることを「逆位置」といいます。

同じカードでも「正位置」と「逆位置」、どちらの向きで出るかによって、占いの解釈が変わってきます（中には、正位置と逆位置で、解釈が同じカードも存在します）。

ですので、通常タロット占いをするときは、天地がバラバラになるように、机にカードを大きく広げてシャッフルをするんですね。

不安なとき、迷ったときの「心強い味方」！

タロットカードが当たる理由としましては、「意味のある偶然の一致」！ つまり、シンクロニシティです。時空を超えた天からのお告げが、タロットカードに出てくるというわけなんです。

誰でも、いつでも、その場で占える！

さて、前置きはこの辺にして、早速占いたいですよね！

この本のタロット占いはとっても簡単です。

心の中で問い（質問）を思い浮かべて、パッと開いたページのメッセージが占い結果になります。

右側にメッセージ、左側にタロットカードが描かれています。

メッセージはいくつか書いてあります。

一番最初に目に飛び込んでくるメッセージを選んでもいいですし、その中で、一番しっくりくるメッセージを選んでもいいでしょう。

あるいは、絵を見て、あなたの中に、なにか新たなメッセージが降りてくることがあるかもしれません。その場合は、そのメッセージを大切にしましょう。

ひとつだけ太文字にしてありますので、メッセージがたくさんあると迷ってしまうという方は、それを採用してみてください。

最後の1～3行くらいは、あなたへのアドバイスになっています。

とくに、マイナスな意味合いのメッセージが出たときは、アドバイスも参考にしてみましょう。

問い（質問）を立てるって、こんなにカンタン！

あとですね、とくに質問がない場合でも、

「今のわたしにぴったりのメッセージをください！」とか、

「**今日はどんな日？**」とか、

　ちょっとしたことでいいので、心の中で呟いて、パッと本をひらいてみましょう。面白い発見があるかもしれません。

　この本は、あなたの最高の相棒となってくれることでしょう。

自分の手を加えても……楽しみ方は自由自在！

　ちなみに、引いたページのイラストに色を塗って、あなたオリジナルの『神のお告げ本』にしていくと、さらに愛着も湧いて、とっても楽しくなりますよ！

　ちなみにその②ですが、

　78枚のタロットカード以外に、キャメレオン竹田のスペシャルカード（正位置のみ）が1枚混じっていますので、出てきたら喜んでくださいね！

　それでは、エンジョイ！

あなたの願いは
叶います

キャメレオン竹田

change

II

バランスを崩している

不安定

行き当たりばったり

自転車操業

やり方を変えよう

ペンタクル 2

[逆位置]

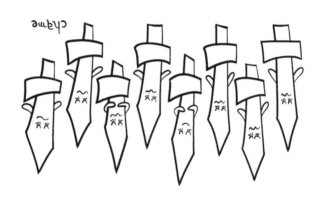

思い込みや不安から解放されて、楽になる

前よりも自由がきくようになる

実際に確認をすると
早く解決する

助けを求めることも大事

ソード 8

[逆 位 置]

II

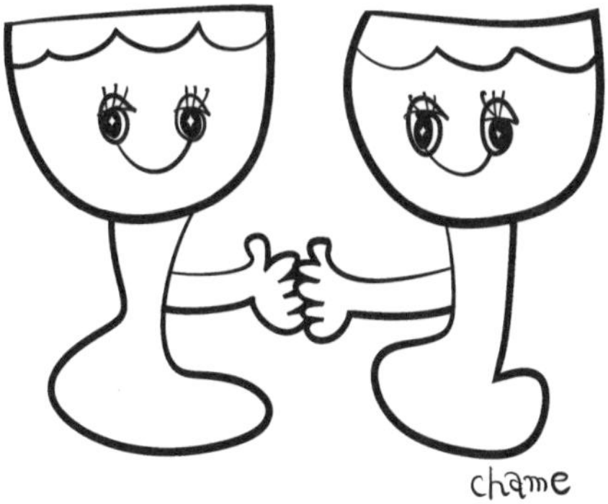

TWO of CUPS

心が通じ合わない

わ か り 合 え な い

しっくりこない

うわべだけの会話

考え方や感じ方が違う

その場の雰囲気に流されやすい

わかりやすく話すことが大事

感情的にならないことがポイント

カ ッ プ 2

[逆 位 置]

THREE of CUPS

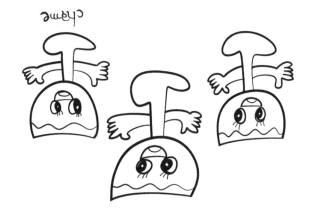

shame

III

自分に甘い

だらしない

雰囲気に流される

断れない

締めるところはキッチリしよう

自分の意見はしっかり伝えよう

うやむやにしないように

カップ 3

[逆 位 置]

X

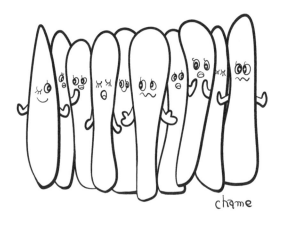

chame

TEN of WANDS

容量オーバー

あれもこれもやろうとしすぎ

これ以上増やさないようにしよう

一度にやろうとしない方がうまくいく

誰かに頼んだり、いくつかに分けたりして、減らすことも大事

ワンド１０

[正 位 置]

KING of CUPS

chyme

精神状態が不安定

自己管理ができない

「言っていること」と「心の中」がちぐはぐ

心が揺れやすい

周りに影響されやすい

人の弱みにつけ込む情報

寂しがり屋で依存しやすい

心が安定していない男性

人に甘えたり頼ったりすることも大事！

騙されないように注意

カップキング

[逆 位 置]

THE PRIESTESS

いろいろ細かく
こだわりがある

真面目でちゃんとしている

規則正しい生活

隙がなくて近寄り難い

清潔感がある

神聖な雰囲気

完璧主義

綺麗でクールな女性

サイキック能力がある

目の前のことをきちんとやればうまくいく

女教皇

[正 位 置]

PAGE of SWORDS

新しくて面白い情報をゲット

知的な刺激を求める

頭の回転が速く、情報処理能力が高い

頭がキレる人

ヒラメキや直感を生かそう

サクッと伝えよう

情報収集しよう

ソードペイジ

[正 位 置]

THREE of WANDS

champ

III

思い通りにならない

チームをまとめられない

なにをやったらいいのかわからない

うまく伝わらない

考えがバラバラ

いったん、落ち着こう

チームプレイが大事

ワンド 3

[逆 位 置]

THE MOON

XVIII

shame

不透明だったことが明白になる

秘密が明らかになる

余計な不安や心配から解放される

妄想状態から目が覚める

原因がわかって気持ちが楽になる

現実をしっかり生きよう

月

[逆 位 置]

決断できない

押しに弱い

バランスを崩す

流れに身を任せれば、
なるようになる

見て見ぬふりをせず、現実を直視しよう

ソード 2

［逆位置］

VI

chame

SIX of PENTACLES

与えた分の見返りがある

バランスが取れている

役割分担をしよう

「先行投資」が 開運のポイント

相手の出方ばかり気にするのではなく、こちらが先に動こう

コイン 6

[正 位 置]

XII

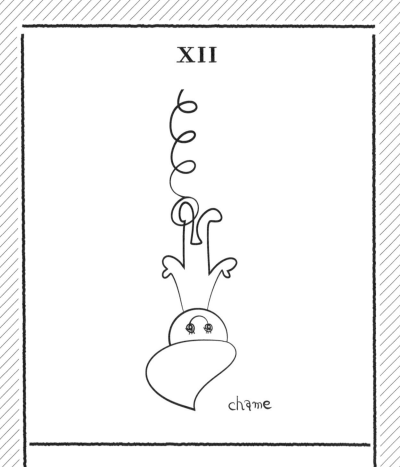

chame

THE HANGED MAN

忙しすぎる

身動きが取れない

自己犠牲モード

ドＭである

いろいろ大変だけど
そんな自分が好き

考えているだけで、具体的に行動しない

「動けない」と思っているのは、単なる思い込み

溜まった疲れがドッと出る

さまざまな清算

いろんな意味でデトックスしよう

ひらめきを大切に

視点を変えてみよう

吊るされた男

[正 位 置]

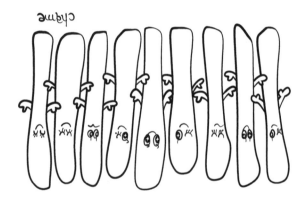

XI

同じ失敗をくり返す

無防備である

準備不足である

警戒しすぎてビクビク

行動力がない

免疫力の低下

守ってばかりではなく、「行動すること」も大事

ワンド 9

［逆位置］

XVI

chame

THE TOWER

青天の霹靂

ティラリ〜ティラリラリ〜ラ〜

思いがけない結果になる

リスクが高い

びっくりすることが起こる

「その枠から出たところ」に居場所がある可能性

災難や体調に注意

悪天候

騒がしい状態

破壊と再生

「根本的な原因」を直視しよう

ルールや枠を超えてみよう

思い切ろう!

全部手放そう!

塔

[正 位 置]

chame

KNIGHT of WANDS

情熱的で勢いがある

興奮している

野心的である

テンションが上がっている

ものすごい存在感

アピール力がある

どんどん動いていこう

勢いに任せてOK

移動・旅行・引越し◎

ワンドナイト

[正位置]

VI

chame

THE LOVERS

楽な方に流される

誘惑に弱い

間違った選択

楽しいだけの時間は終わる

ダラダラしてしまう

飽きている

責任感に欠ける

恋愛トラブル

邪魔する人の登場

ちょっと気をつけよう

自分の行動に責任をもとう

恋 人

[逆 位 置]

II

TWO of WANDS

迷って決められない

行 動 力 が 足 り な い

その場の雰囲気に流されやすい

想定外のことをしてみよう

ワンド 2

[逆 位 置]

THE WORLD

XXI

なにかがひとつ欠けているのでしっくりこない

そこそこいい感じだが、心残りがある

未完成状態

集中力に欠ける

情報や周りの人に振り回されて方向性を見失う

周りを気にしすぎて本当の自分を生きていない

自分を守りすぎている

どこかでみんな、気持ちがバラバラな感じになっている

なにかが足りないので 「足りない部分」を 見つけよう

世界

[逆 位 置]

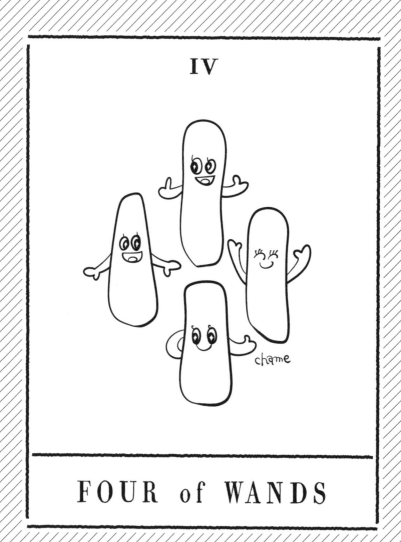

FOUR of WANDS

喜んでいる

一緒にいて楽しい

歓迎している
歓迎されている

祝福されている

とても楽しい状態

オープンマインドで!

明るく楽しい感じが大事

ワンド 4

[正 位 置]

IV

chame

FOUR of CUPS

ちょっと疲れている

内観している

自分の世界に浸っている

ゆっくり充電中

先に進むのではなく、しばらくエネルギーチャージをしよう

あなたのペースでOK

よく寝よう

休 憩 し よ う

カ ッ プ 4
［正位置］

KING of SWORDS

ハッキリとした物言い

リーダーシップを発揮

客観的かつ冷静にみている

冷たい印象

決断力がある

外科医、歯医者さん、手術など

知的でクールな男性

ストレートに伝えよう

覚悟を決めれば うまくいく

ソードキング

[正位置]

chame

QUEEN of PENTACLES

環境や物質に恵まれる

居場所が見つかる

とても安定している

面倒見がいい

手先が器用

職人気質

管理力がある

地道な作業をコツコツできる

母性的で優しい女性

環境を整えよう

自分のことは自分でしよう

ペンタクルクイーン

[正 位 置]

XIV

TEMPERANCE

うまく馴染めない

話が噛み合わない

「水と油」状態

違和感が生じる

節度を守れない

不摂生や無駄遣い

バランスがよくない

腹八分を心がけよう

もうちょっと丁寧に

節制

[逆 位 置]

shame

VII

改善する意思がある

今のままではダメである

「面倒くさいこと」や 「後回しにしたいこと」を 見て見ぬふりを するのではなく きちんと取り組もう

ペンタクル 7

［逆位置］

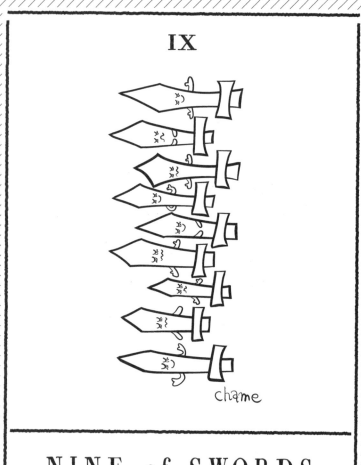

IX

chame

NINE of SWORDS

マイナスな妄想が膨らんで鬱々している

周囲の言動を気にしすぎる

実際は、想像しているほど悪くない

必要以上に追求しないこと

誰かに話を聞いてもらおう

感情は溜め込まず、思いっ切り出そう

よく眠ろう

ソード 9

[正 位 置]

chame

TWO of CUPS

心が通じ合っている

相性がいい

好意がある

気に入っている

好感触

話し合いはうまくいく

素敵な出会いの可能性

しっくりくる

「1対1」で話す時間を作ろう

カップ 2

[正 位 置]

VI

chame

SIX of SWORDS

困難な状況から抜け出せていない

なかなか先に進めない

進めるより
まず改善しよう

誰かに助けてもらおう

「移動・旅行・引越し」の時期ではない

ソード 6

[逆位置]

ACE of WANDS

面白いことがはじまる

ワクワクしている

クリエイティブな能力

目標が決まる

やってみよう

なんでもいいからスタートさせよう

ワクワクしたらGO

ワンドエース

[正 位 置]

THE HERMIT

châme

XI

人とあまりコミュニケーションを取りたくない

思い込みが激しい

傷つくのを恐れている

自分の世界からなかなか出てこない

引きこもり

閑古鳥（かんこどり）が鳴いている

オタク・マニアック

自分の「本当の気持ち」に見てみぬふり

思った以上に時間がかかる

もっと人と関わったり、自分を出そう

もっと外に出ていこう

知識や技術、才能を現実的に生かそう

隠 者

[逆 位 置]

chame

PAGE of WANDS

好奇心旺盛（おうせい）

若くて元気

チヤホヤされたい

注目されたい

新鮮で楽しい雰囲気

気になるならやってみよう

ワンドペイジ

[正 位 置]

XVII

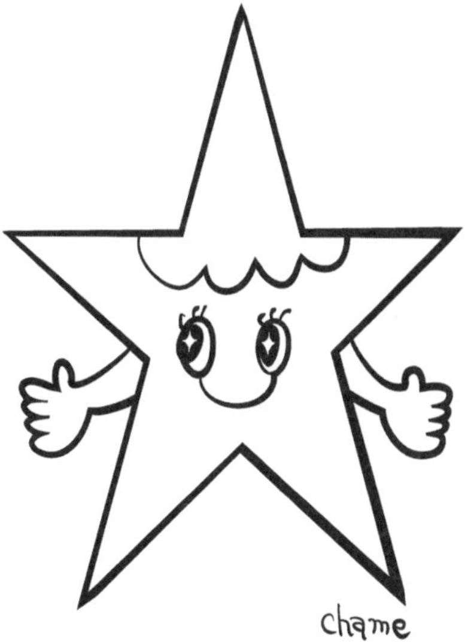

THE STAR

目標が見えにくく
なっている

延期の可能性

やりすぎて疲れてしまう

ダラダラしてしまう

うやむやになってきている雰囲気

不摂生、無駄遣い注意

限度を決めておこう

もっと自分を大切に

星

[逆 位 置]

chame

KNIGHT of CUPS

いい知らせが
やってくる

好意をもっている

芸術的センスがある

素敵な出会い

「白馬の王子さま」的な感じ

優しくて素敵な男性

自ら歩み寄ろう

「移動・旅行・引越し」◎

カ ッ プ ナ イ ト

[正 位 置]

ACE of SWORDS

chêne

プレッシャーがすごい

自己中心的になって失敗する

人を傷つけてしまう

決断できない

挫折する

損切りする

やめておこう！

いらないものは
削ぎ落とそう！

それは忘れよう！

ソードエース

[逆 位 置]

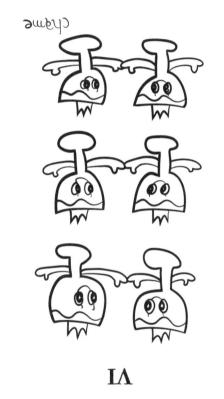

châme

VI

過去ばかり振り返って今を生きていない

平和的だが発展性がない

情に流されやすい

心が通じ合っていない

「クレクレくん」になっている

「過去」や
「人、モノへの執着」を
手放すと
流れがよくなる

カップ 6

[逆位置]

chame

PAGE of PENTACLES

役立つ情報である

それが「幸運の種」になる

優等生っぽい

職人気質

マイペース

真面目に考えている

若くて思慮深いひと

灯台下暗し！

幸せは足元にある

目の前のモノ、コト、人を丁寧に扱おう

ペンタクルペイジ

［ 正 位 置 ］

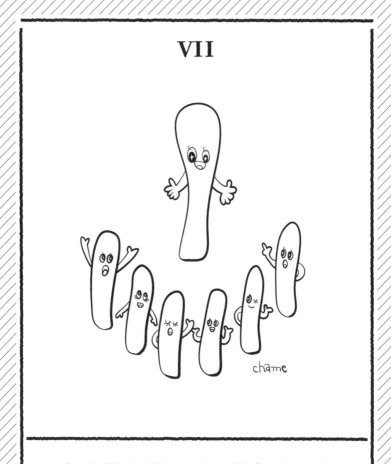

SEVEN of WANDS

やることがたくさんあって、あわただしい

やっつけ仕事状態

いろいろ興味がある

順番を決めたり
的をしぼったりして
丁寧に進めよう

焦らず一つひとつに集中することがポイント

ワンド7

[正 位 置]

WHEEL of FORTUNE

X

今はタイミングではない

タイミングが合わない

気持ちが噛み合わない

連絡が来ない

停滞気味

邪魔が入る

延期になる

宇宙からの時間調整が入る

今は
タイミングでないので
もうしばらく様子をみよう

運命の輪

[逆 位 置]

ACE of PENTACLES

手応えあり

得られるものが大きい

ゲットできる

メリットあり

経済的満足

自分のものにしたい

「仕事」や「お金」に関することをスタートさせると◎

ペンタクルエース

[正 位 置]

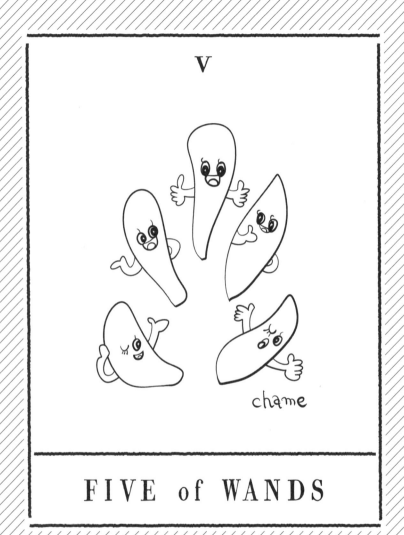

chame

FIVE of WANDS

あれこれ忙しい

元気で騒がしい

いろんなことに
興味がある

落ち着きがない

相手にしてほしい

いろいろ試してみよう

ワンド 5

[正 位 置]

IX

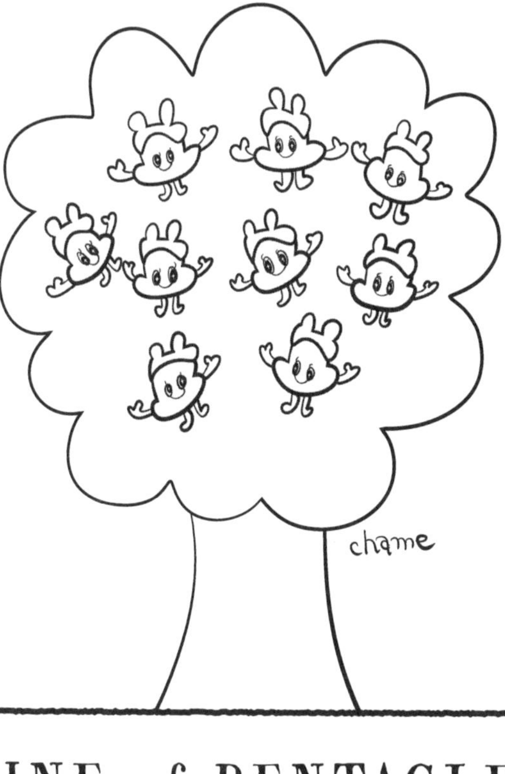

NINE of PENTACLES

「お金の育て方」や「使い方」が下手

金運の低下

まだ収穫する時期ではない

なかなか
うまく育たない

メリット重視になりがち

目先の利益にこだわらない方が、うまくいく

ペンタクル 9

［ 逆 位 置 ］

THREE of SWORDS

正直なことを言ったり言われたりして凹む

傷ついている

ショックな出来事

ありのままを受け止めよう

見て見ぬふりをしないように

分ける、切る、手術、損切り◎

いらないモノ、コト、部分などを取り除いてスッキリする

傷つくかもしれないが、ちゃんとさせておくことで、後々よくなる

ソード3

[正 位 置]

KNIGHT of SWORDS

刺激的で面白い情報をゲット

目まぐるしい展開

あっという間

決断や行動が早い

知的な刺激を求めている

スピード感がある

「素早い決断」や 「行動」が 幸運の秘訣

移動・旅行・引越し◎

ソードナイト

[正位置]

V

chame

THE HIEROPHANT

契 約 が 成 立 す る

信頼関係が成り立っている

説明が上手

先生と生徒のような、少し距離感のある関係性

儀式的な感じ

頼ったり、協力し合ったりするとうまくいく

法 王

[正 位 置]

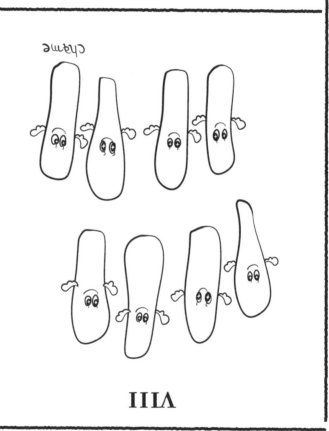

なかなかスムーズにいかない

停滞している

邪魔が入る

テンションが上がらない

それは宇宙の
時間調整

気分転換をしよう

ワンド 8

[逆 位 置]

III

chame

THE EMPRESS

恵まれた環境に甘んじている

他人に「おんぶにだっこ」状態

過保護・過干渉

倦怠期
<ruby>倦怠期<rt>けんたいき</rt></ruby>

ダラダラモード

依存傾向

自分に甘く誘惑にも弱い

不摂生や無駄遣いに注意

もう少しちゃんとしよう

女 帝

[逆 位 置]

III

chame

THREE of PENTACLES

才能を生かせる

専門性を生かせる

計画通りに進む

意思の疎通がうまくいく

高め合える関係性

得意な人に頼もう

報告・連絡・相談◎

役割分担が大事

ペンタクル 3

[正 位 置]

chame

IV

不安定

長続きしない

自信をなくしている

裸の王さま状態

頑(がん)固(こ)になっている

いざというときに頼れない

リーダーシップを発揮できない

絶対大丈夫だと思っていたことがダメになる

先に進めるより
土台を整えることが
大事!

皇 帝

[逆 位 置]

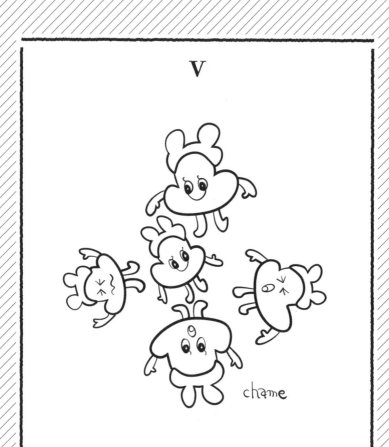

V

chame

FIVE of PENTACLES

気持ちや考えがバラバラ

意思の疎通ができていない

貧しい雰囲気

見栄を張っている

お金の使い方が下手

体を大切に

ちゃんと話をしよう

現状をしっかり
把握しよう

ペンタクル 5

［正位置］

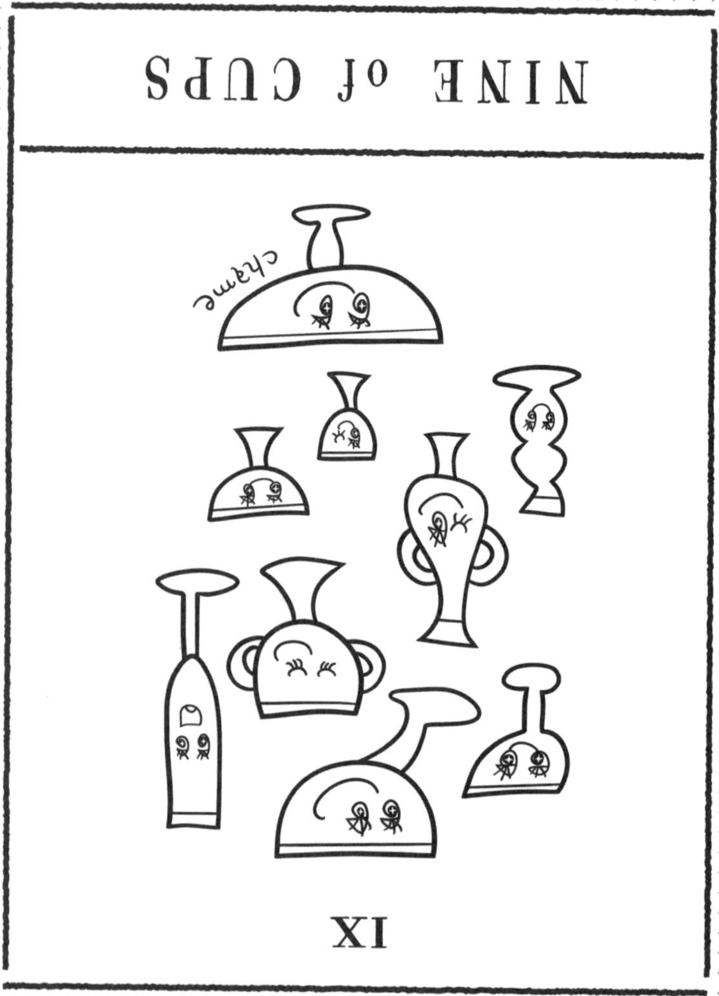
NINE of CUPS
IX

欲や快楽を求めすぎる

依存傾向

甘い考えでうまくいかない

ルーズである

天狗になりやすい

暴飲暴食注意

「なあなあに
していること」を
きちんとしよう

カップ 9

［逆位置］

chame

LAST JUDGEMENT

答えは「イエス」！

「一度ダメになったこと」や「あきらめかけていたこと」が蘇る

停滞していたことが動き出す

息を吹き返す

大 好 転 ！

元気になる

グレードアップする

不可能を可能にする力

復縁

探し物が見つかる

祈りは叶えられる

再チャレンジしよう

どんどん挑戦しよう

呼びかけてみよう

最 後 の 審 判

[正 位 置]

VIII

chame

EIGHT of PENTACLES

丁寧に取り組んでいる

誠実で真面目

着実に進歩していく

ブラッシュアップ！

職人モード

「焦らずコツコツ」が
成功のカギ

ペンタクル 8

[正 位 置]

chyme

妄想に振り回される

一喜一憂してしまう

寂しがり屋で依存傾向

周りに影響されすぎる

自分に自信がない

メンヘラ傾向

「おんぶにだっこ」は卒業しよう

「芸術的なこと」や「スピリチュアルなこと」が◎

カップクイーン

[逆 位 置]

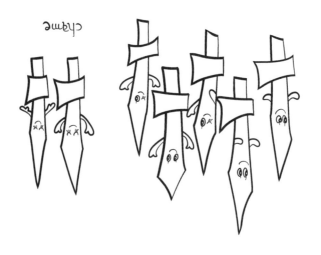

châme

VII

要領がいい

いいとこ取りができる

スムーズに
乗り越えられる

作戦はうまくいく

情報や知識をうまく使える

伏線回収

知恵を働かそう

ソード7

[逆位置]

XIII

chame

DEATH

それはＮＯ！

その問題は終わっている

その気持ちは終わっている

終焉（しゅうえん）を迎える

「それが終わる」ということは、「次が用意されている」ということ

なにかが終わって、なにかが始まる

よくも悪くも変化が生じる

「変える！手放す！終わりにする！」ことでレベルアップする

死 神

[正 位 置]

VII

chame

SEVEN of CUPS

「フワフワしていたこと」が 少しずつ形になっていく

具体的に行動しはじめる

目標が明確になってくる

「やること」と「やらないこと」をハッキリさせよう

カップ 7

[逆 位 置]

FIVE of SWORDS

自分の価値観を人に押し付ける

人をコントロールしようとする

自己中心的である

自分が幸せなら
周りはどうでもいい

「愛のない言動」で周りを困らせる

略奪して「勝った気」になっている

みんなが幸せになる方法を考えよう

ソード 5

[正 位 置]

chame

PAGE of CUPS

インスピレーションが湧く

感性豊か

芸術性がある

可愛らしい雰囲気

人懐っこくて甘えん坊

コロコロ変わる

もっと甘えてOK

カップ ペイジ

[正 位 置]

chame

TEN of CUPS

ハッピーエンド！

幸運が訪れる

人とのご縁が広がる

幸せな状態が続く

ずっと一緒にいたい

家庭円満

今ある幸せを大切に

カップ10

[正 位 置]

VIII

chame

THE STRENGTH

一筋縄ではいかない

欲望との戦い

コントロールが難しい

手こずっている

苦手意識がある

抵抗せず、そのままを受け入れよう

なんとかしようとしない方がうまくいく

見守る心の広さをもとう

力

[正 位 置]

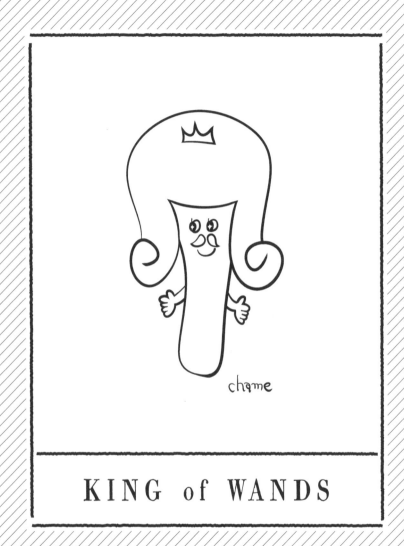

chame

KING of WANDS

明るくて面白い

自信に満ちている

リーダーシップを発揮できる

中心人物

やる気があってチャレンジャー

頼りがいのある男性

どんなことも
面白がろう

ワンドキング

[正位置]

ACE of CUPS

満たされない

気持ちをわかってもらえない

愛を失って悲しい

喪失感

自己中心的な愛

もっと相手の気持ちを考えよう

まずは自分を 愛で満たそう

カップエース

[逆位置]

IV

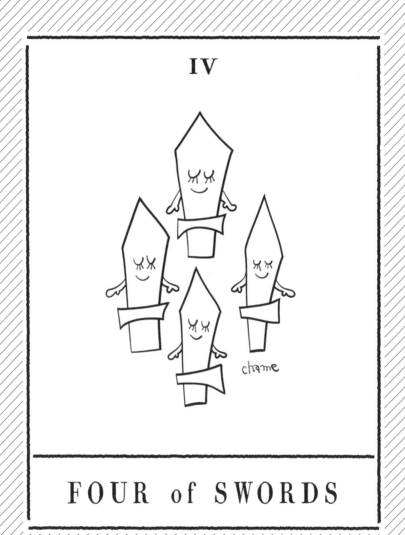

chame

FOUR of SWORDS

停滞している

ゆっくりしていたい

休憩タイム

いったん保留にしておこう

今は充電するとき

先に進むのではなく、休憩しよう

ソード4

[正 位 置]

JUSTICE

châme

XI

正当に評価されない

見返りがない

決断できない

感情が絡んで冷静に判断できない

間違った判断をしてしまう

バランスが崩れている

誤った判断をしやすい

訴訟問題での不利な判決

まずはバランスを
調整しよう

正　義

[逆 位 置]

KING of PENTACLES

shame

所有欲が強い

頑固すぎて失敗する

お金の管理が下手

損得勘定で
ものを考える

手に入れたものに執着

程よく手放した方が、運が上がる

「相手のニーズ」を考えよう

ペンタクルキング

[逆 位 置]

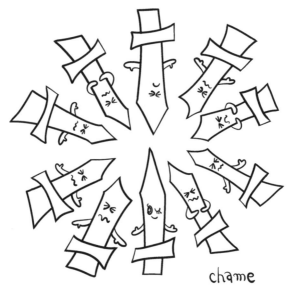

chame

TEN of SWORDS

苦しみや悲しみのどん底

すごく疲れている

挫折や失敗

とことん落ち込んでいる

終焉を迎える

鍼治療

これ以上
悪くならないから
大丈夫

自分を大切にしよう

ソード10

[正 位 置]

IV

chame

THE EMPEROR

それは大丈夫！

心配しなくていい

安定している

継続力がある

ちょっとやそっとではダメにならない

責任感がある

信頼できる

土台がしっかりしている

自信をもって取り組もう

継続は力なり

信頼できる人に頼ってみよう

皇帝

[正 位 置]

V

chame

FIVE of PENTACLES

一時的に状況はよくなる

根本的な原因を
改善しないと
また同じことになる

基礎をしっかり整えよう

ペンタクル 5

［ 逆 位 置 ］

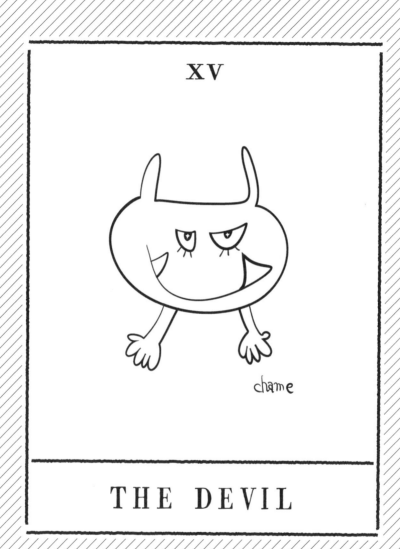

XV

THE DEVIL

よくも悪くも
ズブズブとハマる

「やめられない止まらない」状態

この状況に浸っていてもいいし、抜け出すことも可能

なにかに囚われている

実は、この状態を望んでいる自分がいる

「負の快感」に浸っている

自分の中の抗えない欲望

それは、いつでも手放すことができる

自分の中の「悪魔の声」を参考にするのも、ひとつの手

悪 魔

[正 位 置]

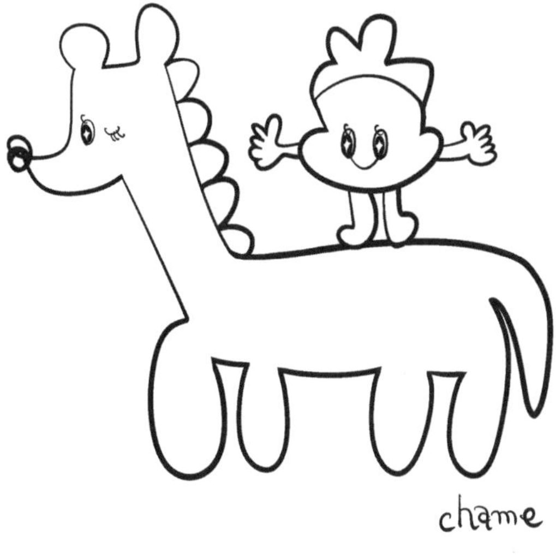

KNIGHT of PENTACLES

現実的に不安定である

責任感が乏しい

計画性がない

お金の管理が下手

地に足がついていない

やる気がない

遅れる、延期になる

現実的な面を見直そう

まだ進めない方がいい

「移動・旅行・引越し」は見直しを

ペンタクルナイト

[逆 位 置]

chame

SPECIAL CARD

あなたの
願いは
叶います

スペシャルカード

QUEEN of SWORDS

148

イライラしている

偏見がある

自分にも他人にも厳しい

近寄り難い雰囲気

強気でいるが、弱い部分ももっている

決断できない

判断を誤る

考えすぎてわからなくなる

「許す心」も大事

ソードクイーン

[逆位置]

TEMPERANCE

相性がいい

馴染みやすい

ちょうどいい塩梅

わかり合える

いい感じの化学反応

腹八分ぐらいが◎

少しずつでOK

組み合わせることで、新しいものが生み出される

節 制

[正 位 置]

chame

QUEEN of WANDS

ひとを惹きつける魅力がある

明るい雰囲気

ワクワクしている

人気がある

元気で明るい女性

「ありのままのあなた」で いることが大事

ワンドクイーン

[正位置]

経済的に不安定

執着しすぎて
うまくいかない

維持力の低下

無駄遣い

メリットにこだわらない方がうまくいく

欲張りはＮＧ

「お金の使い方」を見直そう

ペンタクル4

[逆位置]

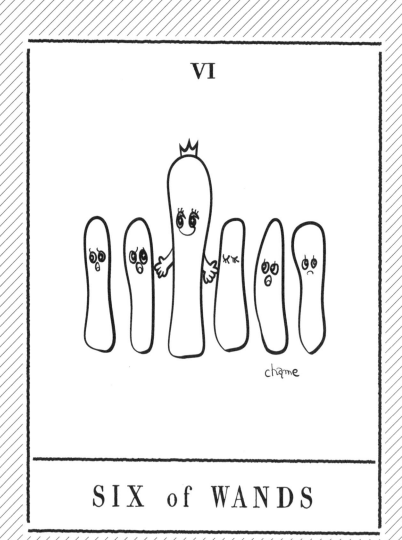

SIX of WANDS

頭ひとつ抜けている

目立っている

勝利を手にできる

ライバルに勝つ

見せ方が上手

いい感じに進められる

形から整えよう

移動・旅行・引越し◎

ワンド6

[正 位 置]

chame

THE SUN

いいことがある

とても楽しい

絶好調!

達成する

スポットライトを浴びる

賞賛される

人気がある

リーダーシップを発揮

大好き

ワクワクする

裏表なし

とてもクリエイティブ

童心モード

どんどん表現しよう

太 陽

[正 位 置]

O

chame

THE FOOL

自由にのびのびしている

ルールや常識に囚われたくない

束縛されたくない

なんとも思っていない

身軽が一番

もっと自由でＯＫ

どっちでもＯＫ

深く考える必要なし

ノリと直感が大事

いったん、0に戻そう

愚 者

[正 位 置]

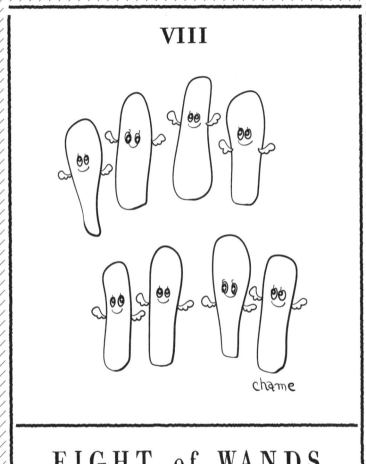

VIII

chame

EIGHT of WANDS

トントン拍子!

思った以上にうまくいく

遠くの場所や人とのご縁

スピード感がある

ノリ気でワクワクしている

テンションが上がっている

行動力がある

移動・旅行・引越し◎

ワンド 8

[正 位 置]

chama

感情の起伏が激しい

テンションが下がる

場の空気が乱れる

計画がうまく進まない

遅れる、延期になる

もう少し冷静になろう

今は進めずに
いったん落ち着こう

「移動・旅行・引越し」は見直そう

ワンドナイト

[逆 位 置]

VI

chame

SIX of PENTACLES

投資をしても見返りがない

気持ちに温度差がある

不公平である

バランスがよくない

役割分担がきちんと機能していない

タイミングを見計らいすぎて、タイミングを見失う

もうちょっと
調整が必要

ペンタクル 6

［逆位置］

III

chame

THE EMPRESS

すごく嬉しいことがある

満足できる

成功する本命である

居心地がよく癒される

創造力が豊か

優しくて母性的

美しく魅力的な女性

妊娠の可能性

自分にご褒美を

好きなようにしてみよう

自分の中の女性性を楽しもう

美しいことや、女性が好きそうなコトやモノが◎

リラックスが一番

クリエイティブなことをしよう

好きなことをしよう

女帝

[正位置]

X

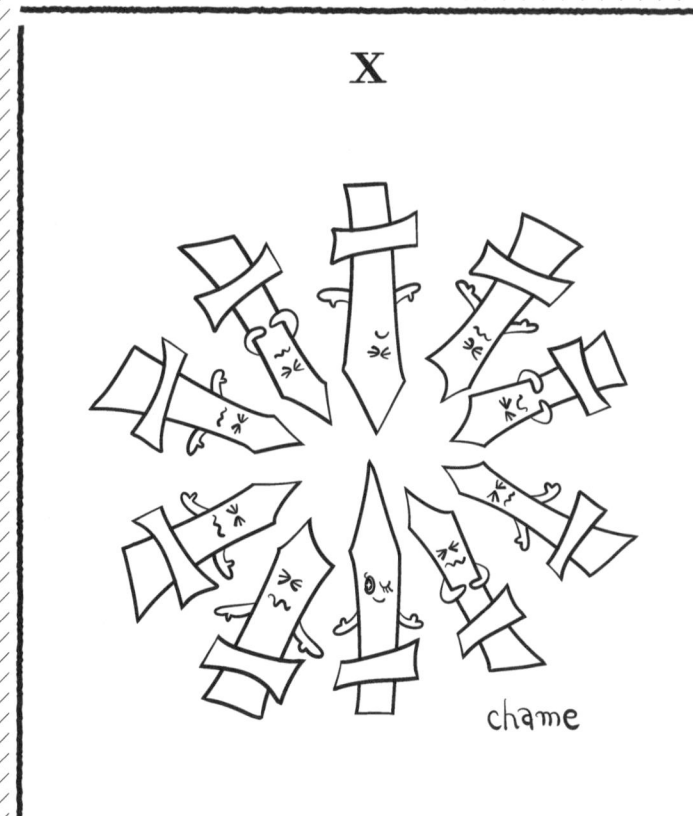

chame

TEN of SWORDS

「最悪の状態」はもう終わっている

絶望感から少しずつ回復していく

希望がかすかに 見えてくる

ひとりで抱え込まず、頼ろう

ソード10

[逆 位 置]

chame

QUEEN of CUPS

芸術的・美的センスを生かせる

美しく、癒し系の女性

癒される

甘えられる

素敵な環境

イメージ力をプラスに使おう

世界観を大切に

「水」に関することが◎

カップクイーン

[正 位 置]

VI

chame

SIX of CUPS

和気藹々（あいあい）としている

平和で楽しい雰囲気

一緒にいると安心する

幼馴染み（おさななじみ）のような懐かしさ

「友達」以上「恋人」未満

シェアしよう

プレゼントしよう

身近な人を大切に

カップ6

［正位置］

I

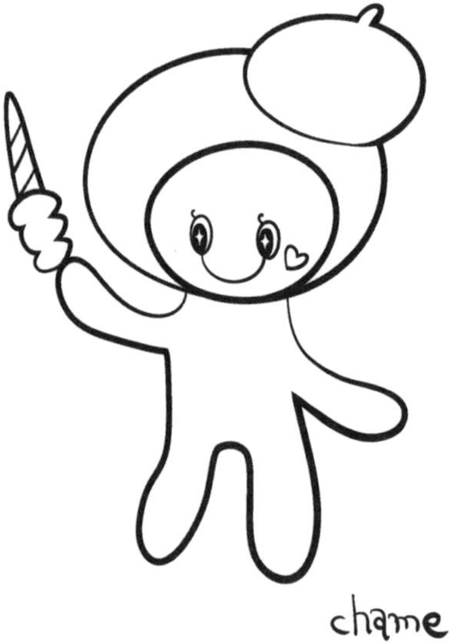

THE MAGICIAN

とてもいい感じ

それでOK

新しいことがはじまる

準備が整っている

確かな才能や技術が備わっている

うまく伝えたり表現したりすることができる

興味や関心があってワクワクしている

スタートさせよう！

第一印象がポイント！

魔術師

[正 位 置]

IX

NINE of PENTACLES

実となり花となる

収穫のとき

金運が良好

豊かな雰囲気

育てるのが上手

恵まれた環境

玉の輿

「コツコツ」がとても大事

「輝いている女性」がキーパーソン

ペンタクル 9

[正 位 置]

ACE of SWORDS

あなたの心は決まっている

乗り越えられる

やり遂げられる

説得力がある

決断力がある

意志が強い

有言実行

コミットしよう

きちんと決めよう

きちんと伝えよう

立ち向かおう！

ソードエース

[正位置]

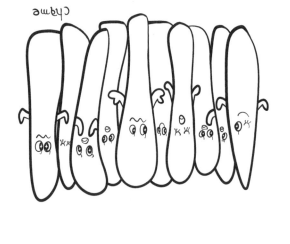

chyme

X

無理しすぎて失敗

いろいろやることがあって心の余裕がない

強引に突き進むと危険

もっと周りを頼ろう

取捨選択をしよう

肩や腰のコリ

心臓に注意

ワンド１０

[逆 位 置]

charme

TWO of PENTACLES

比べて迷っている

現状維持を楽しんでいる

うまくいっているように
見えるが
あまり発展性はない

それ自体を楽しもう

ペンタクル 2

[正 位 置]

VII

chame

THE CHARIOT

スピード感がある

勢いで勝ち抜く

乗り気である

どんどん進んでいく

道が開ける

行動力がある

積極的に関わりたいと思っている

「同時進行」可能

自立、独立、起業ＯＫ

スピードが大事

進めてＯK!

積極的に行動しよう

「旅行、引っ越し、移動」◎

戦 車

[正 位 置]

FIVE of CUPS

落ち込んでいる

嫌なことばかりを
フォーカスしてしまう

「かわいそうな自分」に浸っている

もっと視野を広げよう

残り物には福がある

「大丈夫な部分」に目を向けよう!

明るいファッションが◎

カップ 5

[正 位 置]

chame

TEN of PENTACLES

すべて手に入る

豊かに栄える

経済的満足

環境に恵まれる

所属できる

たくさん人が集まってくる

協力者がたくさんいることを知ろう

ペンタクル10

[正 位 置]

やめたいけれどやめられない

ずっと引きずっている

変化を受け入れられない

執着して手放すことができない

苦しいけど続けてしまう

終わっていることをなんとなくわかっているが、認めたくない

生き地獄

腐れ縁

「あきらめない精神」も ある意味大事だが、時には 思い切ってリセットすることで 人生が変わる

死神

[逆 位 置]

shame

役立たない情報

飽きっぽい

反抗的である

視野が狭い

隣の芝生が青くみえる

お金の使い方が下手

少々頑固

もっと「他の情報」や 「周り」を見回そう

ペンタクルペイジ

[逆 位 置]

XI

chame

JUSTICE

正当に評価される

与えた分の見返りが返ってくる

バランスが取れている

冷静かつ客観的に見ている

訴訟問題での有利な判決

役割分担をしよう

いったん、整えよう

「欲しいもの」は先に与えると巡ってくる

論理的に考えよう

先行投資◎

正　義

[正 位 置]

châme

依存傾向がある

感情に波がある

精神が不安定

周りに影響されやすい

コロコロ変わりやすい

まずは自分を癒そう

寂しさは大敵

カップペイジ

[逆 位 置]

V

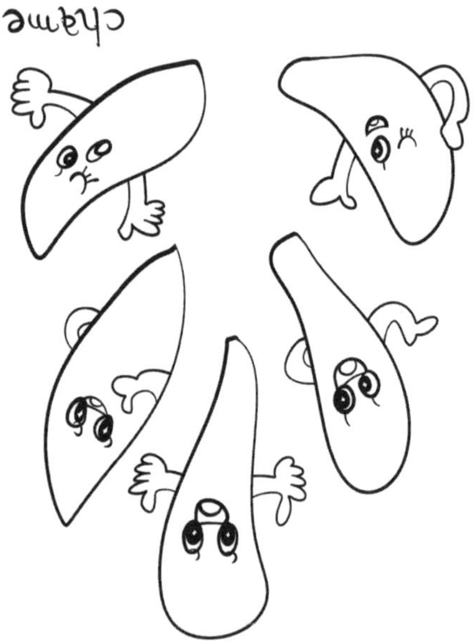

FIVE of WANDS

意見がまとまらない

あれもこれも興味が散乱

目まぐるしい

騒がしい

好き勝手に
やってみよう

ワンド 5

[逆位置]

chame

KING of CUPS

芸術的なセンスを生かせる

感性がとても豊か

面倒見がいい

あたたかく見守っている

居心地がいい環境

優しくて頼りがいのある男性

すべてを受け入れると
解決する

カップキング

[正 位 置]

XV

chame

THE DEVIL

つらい状況から
解放されて、楽になる

囚われていたことから足を洗う

やっと目が覚めて、建設的な思考になる

自分をコントロールしていた人や状況からの解放

病魔が去る

自由を手に入れる

「手放す勇気」を大切に

悪 魔

[逆 位 置]

chame

EIGHT of CUPS

「これまで やってきたこと」に 興味がなくなる

別のことをしたくなる

「今あるもの」よりも「手に入れていないもの」を魅力的に感じる

ひとりになりたい

他のことをしてみよう

いったん離れよう

旅に出よう

カップ 8

［ 正 位 置 ］

champ

考えが子供っぽい

自分のことしか考えていない

わがままで怒りっぽい

いろいろと揺れやすい

かまってほしい

落ち着かない感じ

もう少し空気を読もう

ワンドペイジ

[逆 位 置]

shame

V

少しずつ思考が明るくなっていく

大丈夫な面を見つけ出す

いろんな方法を取り入れよう

多少の妥協も大事

カップ 5

[逆位置]

IV

chame

FOUR of PENTACLES

安定している

自分のものにしておきたい

所有欲の強さ

メリット重視

少々ケチ

「手放すこと」で
次の扉が開く

ペンタクル 4

[正 位 置]

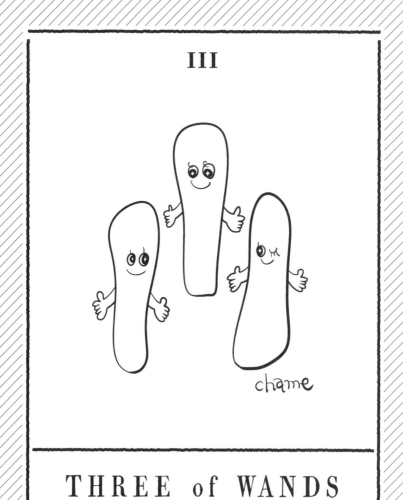

III

chame

THREE of WANDS

思い通りの展開になる

ポジティブに考えている

仲間がポイント

協力し合うとうまくいく

ワンド 3

[正位置]

THE CHARIOT

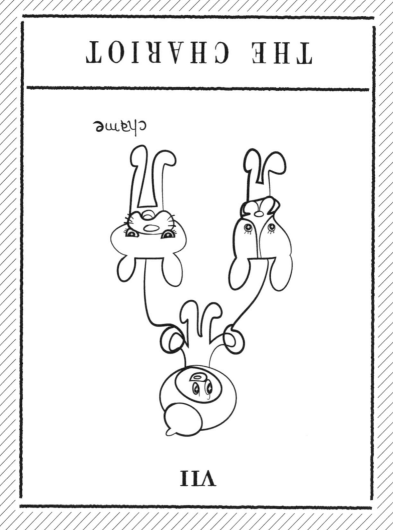

chaîne

VII

焦って進めると
失敗する

動きが鈍い

積極性に欠ける

モチベーションの低下

うまくコントロールできない

二兎を追う者は一兎をも得ず

バランスがよくない

進めない方がいい

「旅行、引越し、移動」のタイミングではない

戦 車

［逆 位 置］

III

THREE of CUPS

うまくいって喜んでいる

ワ〜イ！ワ〜イ！

とても楽しい雰囲気

楽しい会になる

お祝いすることがありそう

みんなで楽しめることを考えよう

楽しんだもん勝ち！

カップ 3

［ 正 位 置 ］

NINE of CUPS

願望は成就する

願ったり叶ったり!

思い通りの展開

心に余裕ができる

満足できる結果

素直に喜ぼう

今を楽しもう

カップ 9

[正 位 置]

chame

KING of PENTACLES

実りが大きい

着実に形にしていく

手に入る

経済的満足

物質的満足

商売上手

お金持ちの男性

うまくいっている人を参考にしよう

ペンタクルキング

[正 位 置]

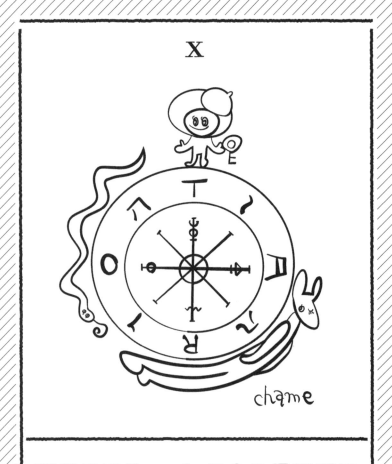

WHEEL of FORTUNE

幸運の女神が
微笑んでいる

チャンス到来

とてもいい流れ

いい知らせ

トントン拍子に進む

意気投合する

拡大発展の予感

変化はすべて「よいもの」と考えて大丈夫

停滞していたことが動き出す

"いま"動くとチャンスをつかめる!

フットワークを軽くしておこう

運命の輪

[正 位 置]

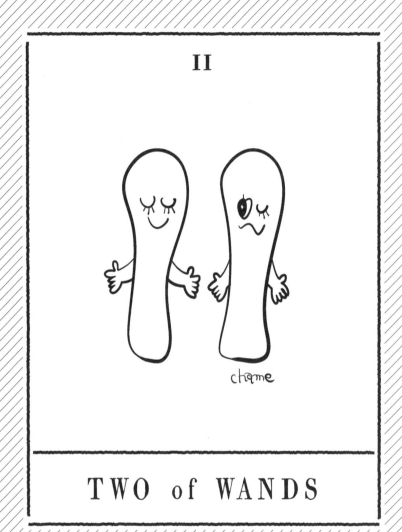

II

TWO of WANDS

前向きに検討中

「勇気ある一歩」を踏み出せずにいる

意外なところに答えがある

無理に決める必要なし

迷うことを楽しもう

他にも選択肢がある

ワンド 2

[正 位 置]

XII

chame

THE HANGED MAN

我慢の限界である

身動きが取れない

ギリギリな感じ

ひとりで抱え込まず
周りに助けを求めよう

自己犠牲はやめよう

考えていても、行動しなければなにも始まらない

吊るされた男

[逆 位 置]

TWO of SWORDS

なるようになる

決断できない

現実を見ようとしていない

冷静な心でいる

バランスを保っている

信用はしている

いったん、休憩中

流れに身を任せてみよう

瞑想しよう

ソード 2

[正 位 置]

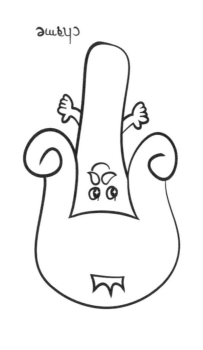

shame

見栄を張っている

裸の王さま

自己中心的な振る舞い

大風呂敷を広げる

実は自信がない

リーダーシップを発揮できない

「感謝の心」を大切に

ワンドキング

[逆位置]

XVI

chame

THE TOWER

「嫌な予感」が現実になっていく

「過去の傷」を引きずっている

徐々に壊れていく

薄々感じる
“なにか”があったら
早めの対策を

塔

[逆 位 置]

ACE of CUPS

大満足な予感

嬉しいお知らせ

心がトキめくことがある

相思相愛

感性や芸術性が豊か

「自分を満足させる」ことが一番大事

心の声をちゃんと聞こう

カップエース

[正位置]

chame

SEVEN of PENTACLES

「思い描いたもの」とは
違う結果になる

現実に浸っているだけではなにも変わらない

改良が必要である

ペンタクル 7

[正 位 置]

THREE of SWORDS

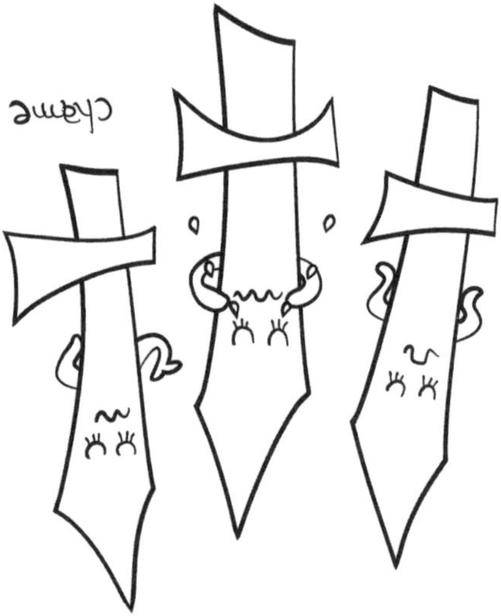

III

雨降って地固まる

苦しい出来事があるかもしれないが、

免疫があるのでそこまで大変ではない

「余分なもの」は
整理しよう

ケジメをつけることで、自分らしく生きられる

ソード 3

[逆 位 置]

なにも心配ない

とても楽しい雰囲気

好感をもっている

トキめいている

正しい選択ができる

「仕事が遊び」で「遊びが仕事」状態

「いい感じ」につながる

ラブラブモード

楽しむ気持ちが大事

恋人

[正 位 置]

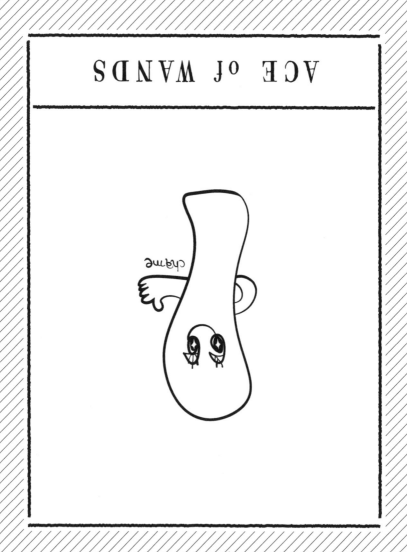

shame

なかなかスタートできない

モチベーションの低下

自信がない

腰が重い

途中で挫折

自己中心的になりやすい

まだ始めなくてOK

ワンドエース

[逆 位 置]

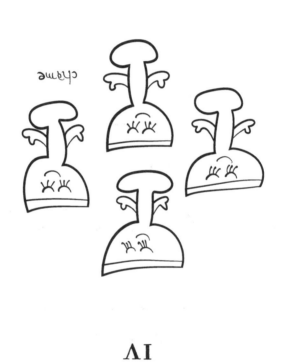

IV

「停滞していたこと」が少しずつ動き出す

ちょっと「興味」や「ヤル気」がわいてくる

体調が回復する

充電完了

そろそろ準備をしよう

少しずつ行動しよう

カップ 4

[逆 位 置]

XVII

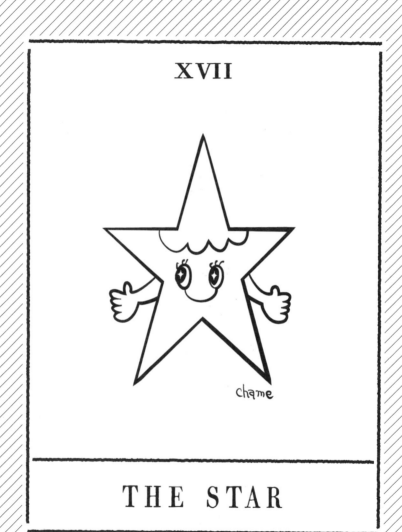

THE STAR

願いは叶う方向に
向かっている

点と点は線でつながる

少々時間がかかることがある

「知識」や「自分の中にあるもの」を包み隠さず出し切ると、

とてもスッキリして素敵なことが巡ってくる

デトックスしよう

目標を明確にすると◎

アロマ、サウナ、温泉◎

星

[正 位 置]

chame

KNIGHT of CUPS

「言っていること」と「心の中」が違う

気持ちがこちらに向いていない

行動力が乏しい

うまく進まない

遅れる、延期になる

待っていてもアクションは無い

今はやめておこう

「移動・旅行・引越し」は見直しを

カップナイト

[逆位置]

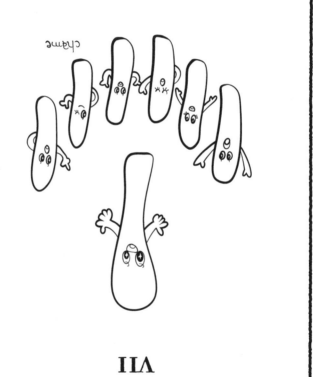

VII

どこから手をつけていいのかわからない

焦って先に進められない

ひとつのことに集中できない

あわてずにやればうまくいく

まずは、目の前のことを
片付けよう

ワンド 7

［ 逆 位 置 ］

XVIII

chame

THE MOON

ハッキリしない感じが続く

モヤモヤしてしまう

一喜一憂

時間がかかる

手に入りそうで入らないことに踊らされている

想像力豊か＆アートな世界観を生かせる

実際に行動して現実を把握することが、解決のカギ

妄想しすぎてやたら深刻になりがち

騙されないように注意

考えているだけでなく、具体的に行動しよう

月

[正 位 置]

IV

chame

FOUR of SWORDS

だんだんヤル気が湧いてくる

少しずつ動き出す

停滞期から抜け出す

体力が回復する

そろそろ次に進む
準備をしよう

ソード 4

[逆 位 置]

XX

chame

LAST JUDGEMENT

覆水盆に返らず

復活できない

復縁できない

停滞モード

無反応

探し物は見つからない

もう少しタイミングを見計ろう

いまは
その時期ではない

自分自身が変わらないと、周りは変わらない

最 後 の 審 判

[逆 位 置]

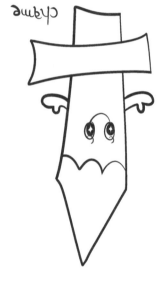

口先だけで信用できない

批判的で協調性が足りない

誤った情報を鵜呑みにして失敗

早とちりしやすい

実際に
よく調べることが大事

ソードペイジ

[逆 位 置]

chame

QUEEN of PENTACLES

執着しすぎて失敗する

細かい作業や管理が下手

お金の使い方が下手

依存傾向

落ち着かない

運動不足

もう少し自立しよう

手放すことも大事

ペンタクルクイーン

［逆位置］

手に入らない

メリットなし

損をする

無駄遣い

ケチくさい

執着しない方が、後々得をする

それは必要なし

ペンタクルエース

[逆位置]

XXI

chame

THE WORLD

それはうまくいく!

実を結ぶ

望むことはすべて叶う

完成する

完了できる

水を得た魚のようになる

楽しくて、時間が経つのがあっという間

一体感が大事

世 界

[正 位 置]

chame

SEVEN of CUPS

あれこれ夢ばかり見ている

具体的になっていない

具体的に行動しない

迷って決断できない

どこから
進めていいのか
わからない

優先順位を決めて、具体的に行動しよう

カップ 7

[正 位 置]

chyme

急な方向転換

勢いがなくなる

途中で興味の対象が変わる

気が変わる

急いで動いて
失敗する

突然いなくなる

逃げる

まだ進めない方がいい

出直そう

遅れる、延期になる

「移動・旅行・引越し」は見直しを

ソードナイト

[逆 位 置]

chame

KNIGHT of PENTACLES

スローだけど着実に前進

責任感があって信頼できる

刺激は少ないが
安定感がある

生活力がある

地に足がついている

少しずつ進めよう

「移動・旅行・引越し」◎

ペ ン タ ク ル ナ イ ト

[正 位 置]

shame

V

周りに合わせすぎて疲れてしまう

いろいろ
気にしやすい状態

自分の意見をハッキリ言えない

いいように利用されてしまう

相手の思うツボになりやすい

「嫌われる勇気」も大切

お人好しにならないように

ソード 5

［逆位置］

THE MAGICIAN

chôme

I

準備不足だったり、自信がなくて進められない

モチベーション低下

うまく伝えられない

言葉だけで行動が伴わない

ペテン師

まだスタートさせる時期ではない

今は進めずに
しばらく様子をみよう

魔術師

[逆 位 置]

chame

SIX of SWORDS

困難な状況は終わっている

停滞していたことが動き出す

もう次の段階に
進んでいる

どんどん進めて OK

移動・旅行・引越し◎

ソード 6

[正 位 置]

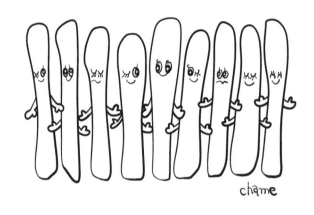

chame

NINE of WANDS

気持ちは盛り上がっているが、行動する勇気がない

もう準備は整っている

過去の失敗を気にしている

免疫力が高い

「勇気ある一歩」が 人生を変える

ワンド 9

[正 位 置]

châme

V

信頼関係が成り立っていない

成立しにくい

話がまとまらない

社会のルールに従わない

グレーゾーン

説明がわかりにくい

もっと丁寧な説明をしよう

正攻法ではない方法も視野に入れよう

法王

[逆 位 置]

VIII

chame

EIGHT of SWORDS

マイナスの思い込みで、自分で自分を苦しめている

自由に
動けない状態

受け身状態

あれこれ考えすぎている

いろんな人の気持ちを考えると動けない

忙しすぎる

もっと周りに助けを求めて〇K!

完璧主義にならないこと

きちんと現状を把握しよう

ソード8

[正 位 置]

chame

X

286

いい状態で
あるものの
どこか物足りない

「やってもらって当たり前」になっている

恵まれた環境に依存している

些細なことでケンカになる

「感謝の気持ち」を忘れずに

カップ10

[逆 位 置]

THE SUN

XIX

そこそこ
うまくいく感じだが
なにかが引っかかる

だいたいOK

無難な感じ

いまひとつ本領発揮できない

ありのままの自分を出せない

リーダーシップをうまく発揮できない

周りからはうまくいっているように見える

好感はもっているが刺激が足りない

子供関連のストレス　　もっと自分を信頼しよう

周りを気にしすぎるのをやめよう

表現の仕方を工夫しよう　　紫外線に注意

太 陽

[逆 位 置]

VII

chame

SEVEN of SWORDS

要領がいい

頭の回転が速い

いいとこ取りができるが、多少、批判的な人が存在する

なにか企んでいる

作戦を立てよう

若干、詰めが甘いので再確認をすることが大事

じゃっ かん

ソード 7

[正 位 置]

THE FOOL

shame

o

考えや計画性がなさすぎる

型にハマりたくない

なんとも思っていない

もうちょっと慎重に！

直感が大事

もう少し周りに耳を傾けよう

愚 者

[逆 位 置]

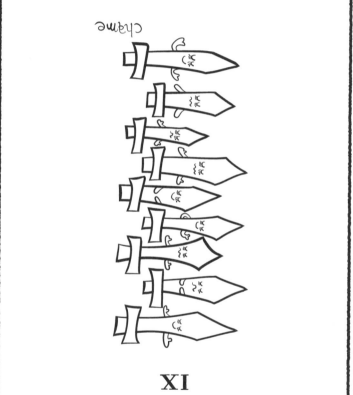

XI

妄想に囚われている

時間が解決してくれる

回復の方向に向かっている

もっと周りを頼ろう

ソード 9

[逆 位 置]

QUEEN of WANDS

charme

プライドが邪魔をする

しっくりこない

似合わない

自己中心的

嫉妬深い

自分の魅力に気づいていない

周りを気にしてしまう

周りをどうこうするのはやめて、自分に集中しよう

ワンドクイーン

[逆位置]

THE PRIESTESS

真面目すぎる

視野が狭くなっている

自分にも周りにも厳しい

ピリピリしている

「〜すべき」という概念に囚われている

こだわりすぎて決められない

優柔不断

体を冷やさないように

「どっちでもOK〜♪」くらいの 気持ちでいた方がうまくいく

それは「本当に自分がしたいことなのかどうか」を心に聞いてみよう

女教皇

［逆位置］

chame

QUEEN of SWORDS

好き嫌いがハッキリしている

意志が強い

一途な思い

言葉や文章にパワーがある

バリバリ働くキャリアウーマン

仕事ができる、知的でクールな女性

「言いたいこと」は きちんと伝えよう

ソードクイーン

[正 位 置]

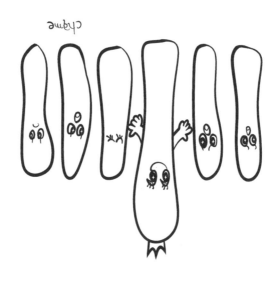

chôme

VI

うまく進めることが
できない

ライバルに負けてしまう

途中でずっこける

隠しごとがバレる

カミングアウト

弱みも見せると◎

「移動・旅行・引越し」は、もう少し見直そう

ワンド6

[逆位置]

VIII

思った以上に大変

挫折する

欲望に負ける

コントロールできない

理解してもらえない

力ずくは逆効果

一気にやろうとせず
段階を踏もう

力

[逆 位 置]

chyme

III

意思の疎通がうまくいかない

チームプレイがうまくいかない

計画通りに進まない

技術不足

才能の出し惜しみ

真剣さが足りない

価値観が違う

丁寧に伝えよう

「自分の役割」を明確にしよう

ペンタクル 3

[逆位置]

喜んでいる

一緒にいて楽しい

歓迎している・されている

とても楽しい状態

祝福されている

オープンマインドで！

「明るく楽しい感じ」が大事

（※ワンド4の逆位置は、正位置と同じ意味になります）

ワンド 4

［逆位置］

IX

chame

THE HERMIT

自分の世界観に浸っている

ひとりの時間を大切にしている

専門的な知識がある

そっとしておいてほしい

好きなことに没頭している

籠っている

時間がかかる

専門家に相談しよう!

よく考えよう

「自分との時間」を大切にしよう!

隠 者

[正 位 置]

KING of SWORDS

shame

細かいことにこだわりすぎる

プライドが高い

イライラしている

自信喪失

決断力に欠ける

辛辣である

聞く耳をもたない

頭を使いすぎている

よく寝て
よく体を動かし
ストレスの発散を

ソードキング

[逆 位 置]

VIII

chame

EIGHT of CUPS

「一度やめたこと」や「保留にしていたこと」に目を向けはじめる

自分の周りの大切なものや人に気づく

収まるところに収まる

再会する

戻ってくる

Uターン

灯台下暗し

大切なことはとても身近にある

カップ8

[逆 位 置]

chême

VIII

316

真剣さが足りない

飽きている

手抜きモード

面倒なことは
したくない

よく確認しないと失敗する

一つひとつを丁寧に！

ペンタクル 8

[逆 位 置]

chame

X

経済的不安定

所属できない

無いものねだり

お金の使い方が下手

人が集まらない

チームがうまくまとまらない

「すでに手に
入っているもの」や
「仲間」に目を向けよう

ペンタクル10

［逆位置］

キャメレオン竹田
（きゃめれおん・たけだ）

占い研究家、作家、画家、実業家、（株）トウメイ人間製作所代表取締役。会員制オンラインサロン「神さまサロン」や（各種）学校を主宰。占い連載多数。

これまでの著書に『人生を自由自在に楽しむ本』『あなたの人生がラクにうまくいく本』（以上、だいわ文庫）、『神さまとのおしゃべりBook』『神さまと前祝い』『神さまとお金とわたし』『神さまからの急速充電』『神さまの家庭訪問』『神さまとの直通電話』（以上、三笠書房）、『ホロスコープを読むのが楽しくなる！占星術キャラ図鑑』『カードの意味が一瞬でわかる！タロットキャラ図鑑』（以上、ナツメ社）、『キャメレオン竹田のすごい開運手帳』『キャメレオン竹田のすごい神さまカード』『龍神さまとつながる方法』『キャメレオン竹田のすごいタロットカード』『あなたの2023年がめちゃくちゃ開運する本』『お金が増えすぎちゃう本』『モテすぎちゃう本』『神さまとつながる方法』（以上、日本文芸社）など多数があり、著作累計は85万部を超える。

くわしくは
（ キャメレオン竹田 ）で検索を！

キャメレオン竹田
オフィシャルサイトはこちら
▼

タロットで未来が開けちゃう！
「神のお告げ」本

2023年3月10日　第1刷発行

著者　　　　　キャメレオン竹田

発行者　　　　佐藤靖

発行所　　　　大和書房
　　　　　　　〒112-0014
　　　　　　　東京都文京区関口1-33-4
　　　　　　　電話　03-3203-4511

ブックデザイン　山田知子＋門倉直美（chichols）

イラスト　　　キャメレオン竹田

校正　　　　　くすのき舎

本文印刷　　　光邦

カバー印刷　　歩プロセス

製本　　　　　ナショナル製本

編集　　　　　荻田真理子